Fin de partie

OUVRAGES DE SAMUEL BECKETT

☆m

SAMUEL BECKETT

Fin de partie

LES ÉDITIONS DE MINUIT

© 1957 by LES ÉDITIONS DE MINUIT
www.leseditionsdeminuit.fr

ISBN 978-2-7073-0070-6

Pour Roger Blin

Fin de partie a été créée en français le 1er avril 1957 au *Royal Court Theatre*, à Londres, avec la distribution suivante :

NAGG .... Georges Adet
NELL .... Christine Tsingos
HAMM .... Roger Blin
CLOV .... Jean Martin

La pièce a été reprise le même mois au *Studio des Champs-Élysées,* à Paris, avec la même distribution, à cette seule exception près que le rôle de Nell était alors tenu par Germaine de France.

Intérieur sans meubles.

Lumière grisâtre.

Aux murs de droite et de gauche, vers le fond, deux petites fenêtres haut perchées, rideaux fermés.

Porte à l'avant-scène à droite. Accroché au mur, près de la porte, un tableau retourné.

À l'avant-scène à gauche, recouvertes d'un vieux drap, deux poubelles l'une contre l'autre.

Au centre, recouvert d'un vieux drap, assis dans un fauteuil à roulettes, Hamm.

Immobile à côté du fauteuil, Clov le regarde. Teint très rouge.

Il va se mettre sous la fenêtre à gauche. Démarche raide et vacillante. Il regarde la fenêtre à gauche,

*la tête rejetée en arrière. Il tourne
la tête, regarde la fenêtre à droite.
Il va se mettre sous la fenêtre à
droite. Il regarde la fenêtre à droite,
la tête rejetée en arrière. Il tourne
la tête et regarde la fenêtre à gauche. Il sort, revient aussitôt avec
un escabeau, l'installe sous la fenêtre à gauche, monte dessus, tire
le rideau. Il descend de l'escabeau, fait six pas vers la fenêtre
à droite, retourne prendre l'escabeau, l'installe sous la fenêtre à
droite, monte dessus, tire le rideau. Il descend de l'escabeau,
fait trois pas vers la fenêtre à gauche, retourne prendre l'escabeau,
l'installe sous la fenêtre à gauche,
monte dessus, regarde par la fenêtre. Rire bref. Il descend de l'escabeau, fait un pas vers la fenêtre à
droite, retourne prendre l'escabeau,
l'installe sous la fenêtre à droite,
monte dessus, regarde par la fenêtre. Rire bref. Il descend de l'esca-*

beau, va vers les poubelles, retourne prendre l'escabeau, le prend, se ravise, le lâche, va aux poubelles, enlève le drap qui les recouvre, le plie soigneusement et le met sur le bras. Il soulève un couvercle, se penche et regarde dans la poubelle. Rire bref. Il rabat le couvercle. Même jeu avec l'autre poubelle. Il va vers Hamm, enlève le drap qui le recouvre, le plie soigneusement et le met sur le bras. En robe de chambre, coiffé d'une calotte en feutre, un grand mouchoir taché de sang étalé sur le visage, un sifflet pendu au cou, un plaid sur les genoux, d'épaisses chaussettes aux pieds, Hamm semble dormir. Clov le regarde. Rire bref. Il va à la porte, s'arrête, se retourne, contemple la scène, se tourne vers la salle.

CLOV (*regard fixe, voix blanche*). — Fini, c'est fini, ça va finir, ça va peut-être finir. (*Un temps.*) Les grains s'ajoutent aux grains, un à un, et un jour, soudain, c'est un tas, un petit tas, l'impossible tas. (*Un temps.*) On ne peut plus me punir. (*Un temps.*) Je m'en vais dans ma cuisine, trois mètres sur trois mètres sur trois mètres, attendre qu'il me siffle. (*Un temps.*) Ce sont de jolies dimensions, je m'appuierai à la table, je regarderai le mur, en attendant qu'il me siffle.

> *Il reste un moment immobile. Puis il sort. Il revient aussitôt, va prendre l'escabeau, sort en emportant l'escabeau. Un temps. Hamm bouge. Il bâille sous le mouchoir. Il ôte le mouchoir de son visage. Teint très rouge. Lunettes noires.*

HAMM. — À — (*bâillements*) — à moi. (*Un temps.*) De jouer. (*Il tient à bout de bras le mouchoir ouvert devant lui.*) Vieux linge ! (*Il ôte ses lunettes, s'essuie les yeux, le visage, essuie les lunettes, les remet, plie soigneusement le mouchoir et le met délicatement dans la poche du haut de sa robe de chambre. Il s'éclaircit la gorge, joint les bouts des doigts.*) Peut-il y a — (*bâillements*) — y avoir misère plus... plus haute que la mienne ? Sans doute. Autrefois. Mais aujourd'hui ? (*Un temps.*) Mon père ? (*Un temps.*) Ma mère ? (*Un temps.*) Mon... chien ? (*Un temps.*) Oh je veux bien qu'ils souffrent autant que de tels êtres peuvent souffrir. Mais est-ce dire que nos souffrances se valent ? Sans doute. (*Un temps.*) Non, tout est a — (*bâillements*) — bsolu, (*fier*) plus on est grand et plus on est plein. (*Un temps. Morne.*) Et plus on est vide. (*Il renifle.*) Clov ! (*Un temps.*) Non, je suis seul. (*Un temps.*) Quels rêves — avec un s ! Ces forêts ! (*Un temps.*) Assez, il est temps que cela finisse, dans le refuge aussi. (*Un temps.*) Et cependant j'hésite, j'hésite à... à finir. Oui, c'est bien ça, il est temps que cela finisse et cependant j'hésite encore à — (*bâillements*) — à finir. (*Bâillements.*) Oh là là, qu'est-ce que je tiens, je ferais mieux d'aller me coucher. (*Il donne un coup de sifflet. Entre Clov aussitôt. Il s'arrête à côté du fauteuil.*)

Tu empestes l'air ! (*Un temps.*) Prépare-moi, je vais me coucher.

CLOV. — Je viens de te lever.

HAMM. — Et après ?

CLOV. — Je ne peux pas te lever et te coucher toutes les cinq minutes, j'ai à faire.

Un temps.

HAMM. — Tu n'as jamais vu mes yeux ?

CLOV. — Non.

HAMM. — Tu n'as jamais eu la curiosité, pendant que je dormais, d'enlever mes lunettes et de regarder mes yeux ?

CLOV. — En soulevant les paupières ? (*Un temps.*) Non.

HAMM. — Un jour je te les montrerai. (*Un temps.*) Il paraît qu'ils sont tout blancs. (*Un temps.*) Quelle heure est-il ?

CLOV. — La même que d'habitude.

HAMM. — Tu as regardé ?

CLOV. — Oui.

HAMM. — Et alors ?

CLOV. — Zéro.

HAMM. — Il faudrait qu'il pleuve.

CLOV. — Il ne pleuvra pas.

HAMM. — À part ça, ça va ?

CLOV. — Je ne me plains pas.

HAMM. — Tu te sens dans ton état normal ?

CLOV (*agacé*). — Je te dis que je ne me plains pas.

HAMM. — Moi je me sens un peu drôle. (*Un temps.*) Clov.

CLOV. — Oui.

HAMM. — Tu n'en as pas assez ?

CLOV. — Si ! (*Un temps.*) De quoi ?

HAMM. — De ce... de cette... chose.

CLOV. — Mais depuis toujours. (*Un temps.*) Toi non ?

HAMM (*morne*). — Alors il n'y a pas de raison pour que ça change.

CLOV. — Ça peut finir. (*Un temps.*) Toute la vie les mêmes questions, les mêmes réponses.

HAMM. — Prépare-moi. (*Clov ne bouge pas.*) Va chercher le drap. (*Clov ne bouge pas.*) Clov.

CLOV. — Oui.

HAMM. — Je ne te donnerai plus rien à manger.

CLOV. — Alors nous mourrons.

HAMM. — Je te donnerai juste assez pour t'empêcher de mourir. Tu auras tout le temps faim.

CLOV. — Alors nous ne mourrons pas. (*Un temps.*) Je vais chercher le drap.

Il va vers la porte.

HAMM. — Pas la peine. (*Clov s'arrête.*) Je te donnerai un biscuit par jour. (*Un temps.*) Un biscuit et demi. (*Un temps.*) Pourquoi restes-tu avec moi ?

CLOV. — Pourquoi me gardes-tu ?

HAMM. — Il n'y a personne d'autre.

CLOV. — Il n'y a pas d'autre place.

Un temps.

HAMM. — Tu me quittes quand même.

CLOV. — J'essaie.

HAMM. — Tu ne m'aimes pas.

CLOV. — Non.

HAMM. — Autrefois tu m'aimais.

CLOV. — Autrefois !

HAMM. — Je t'ai trop fait souffrir. (*Un temps.*) N'est-ce pas ?

CLOV. — Ce n'est pas ça.

HAMM (*outré*). — Je ne t'ai pas trop fait souffrir ?

CLOV. — Si.

HAMM (*soulagé*). — Ah ! Quand même ! (*Un temps. Froidement.*) Pardon. (*Un temps. Plus fort.*) J'ai dit, Pardon.

CLOV. — Je t'entends. (*Un temps.*) Tu as saigné ?

HAMM. — Moins. (*Un temps.*) Ce n'est pas l'heure de mon calmant ?

CLOV. — Non.

Un temps.

HAMM. — Comment vont tes yeux ?

CLOV. — Mal.

HAMM. — Comment vont tes jambes ?

CLOV. — Mal.

HAMM. — Mais tu peux bouger.

CLOV. — Oui.

HAMM (*avec violence*). — Alors bouge ! (*Clov va jusqu'au mur du fond, s'y appuie du front et des mains.*) Où es-tu ?

Clov. — Là.

Hamm. — Reviens ! (*Clov retourne à sa place à côté du fauteuil.*) Où es-tu ?

Clov. — Là.

Hamm. — Pourquoi ne me tues-tu pas ?

Clov. — Je ne connais pas la combinaison du buffet.

Un temps.

Hamm. — Va me chercher deux roues de bicyclette.

Clov. — Il n'y a plus de roues de bicyclette.

Hamm. — Qu'est-ce que tu as fait de ta bicyclette ?

Clov. — Je n'ai jamais eu de bicyclette.

Hamm. — La chose est impossible.

Clov. — Quand il y avait encore des bicyclettes j'ai pleuré pour en avoir une. Je me suis traîné à tes pieds. Tu m'as envoyé promener. Maintenant il n'y en a plus.

Hamm. — Et tes courses alors ? Quand tu allais voir mes pauvres. Toujours à pied ?

Clov. — Quelquefois à cheval. (*Le*

20

couvercle d'une des poubelles se soulève et les mains de Nagg apparaissent, accrochées au rebord. Puis la tête émerge, coiffée d'un bonnet de nuit. Teint très blanc. Nagg bâille, puis écoute.) Je te quitte, j'ai à faire.

HAMM. — Dans ta cuisine ?

CLOV. — Oui.

HAMM. — Hors d'ici, c'est la mort. (*Un temps.*) Bon, va-t'en. (*Clov sort. Un temps.*) Ça avance.

NAGG. — Ma bouillie !

HAMM. — Maudit progéniteur !

NAGG. — Ma bouillie !

HAMM. — Ah il n'y a plus de vieux ! Bouffer, bouffer, ils ne pensent qu'à ça ! (*Il siffle. Entre Clov. Il s'arrête à côté du fauteuil.*) Tiens ! Je croyais que tu allais me quitter.

CLOV. — Oh pas encore, pas encore.

NAGG. — Ma bouillie !

HAMM. — Donne-lui sa bouillie.

CLOV. — Il n'y a plus de bouillie.

HAMM (*à Nagg*). — Il n'y a plus de bouillie. Tu n'auras jamais plus de bouillie.

NAGG. — Je veux ma bouillie !

HAMM. — Donne-lui un biscuit. (*Clov sort.*) Maudit fornicateur ! Comment vont tes moignons ?

NAGG. — T'occupe pas de mes moignons.

> *Entre Clov, un biscuit à la main.*

CLOV. — Je suis de retour, avec le biscuit.

> *Il met le biscuit dans la main de Nagg qui le prend, le palpe, le renifle.*

NAGG (*geignard*). — Qu'est-ce que c'est ?

CLOV. — C'est le biscuit classique.

NAGG (*de même*). — C'est dur ! Je ne peux pas !

HAMM. — Boucle-le !

> *Clov enfonce Nagg dans la poubelle, rabat le couvercle.*

CLOV (*retournant à sa place à côté du fauteuil*). — Si vieillesse savait !

HAMM. — Assieds-toi dessus.

CLOV. — Je ne peux pas m'asseoir.

HAMM. — C'est juste. Et moi je ne peux pas me tenir debout.

CLOV. — C'est comme ça.

HAMM. — Chacun sa spécialité. (*Un temps.*) Pas de coups de téléphone ? (*Un temps.*) On ne rit pas ?

CLOV (*ayant réfléchi*). — Je n'y tiens pas.

HAMM (*ayant réfléchi*). — Moi non plus. (*Un temps.*) Clov.

CLOV. — Oui.

HAMM. — La nature nous a oubliés.

CLOV. — Il n'y a plus de nature.

HAMM. — Plus de nature ! Tu vas fort.

CLOV. — Dans les environs.

HAMM. — Mais nous respirons, nous changeons ! Nous perdons nos cheveux, nos dents ! Notre fraîcheur ! Nos idéaux !

CLOV. — Alors elle ne nous a pas oubliés.

HAMM. — Mais tu dis qu'il n'y en a plus.

CLOV (*tristement*). — Personne au monde n'a jamais pensé aussi tordu que nous.

HAMM. — On fait ce qu'on peut.

CLOV. — On a tort.

Un temps.

HAMM. — Tu te crois un morceau, hein ?

CLOV. — Mille.

Un temps.

HAMM. — Ça ne va pas vite. (*Un temps.*)
Ce n'est pas l'heure de mon calmant ?

CLOV. — Non. (*Un temps.*) Je te quitte,
j'ai à faire.

HAMM. — Dans ta cuisine ?

CLOV. — Oui.

HAMM. — À faire quoi, je me le demande.

CLOV. — Je regarde le mur.

HAMM. — Le mur ! Et qu'est-ce que tu
y vois, sur ton mur ? Mané, mané ? Des
corps nus ?

CLOV. — Je vois ma lumière qui meurt.

HAMM. — Ta lumière qui — ! Qu'est-ce
qu'il faut entendre ! Eh bien, elle mourra
tout aussi bien ici, ta lumière. Regarde-moi

un peu et tu m'en diras des nouvelles, de
ta lumière.

> *Un temps.*

CLOV. — Tu as tort de me parler
comme ça.

> *Un temps.*

HAMM (*froidement*). — Pardon. (*Un
temps. Plus fort.*) J'ai dit, Pardon.
CLOV. — Je t'entends.

> *Un temps. Le couvercle de la pou-
> belle de Nagg se soulève. Les
> mains apparaissent, accrochées au
> rebord. Puis la tête émerge. Dans
> une main le biscuit. Nagg écoute.*

HAMM. — Tes graines ont levé ?
CLOV. — Non.
HAMM. — Tu as gratté un peu voir si
elles ont germé ?
CLOV. — Elles n'ont pas germé.
HAMM. — C'est peut-être encore trop
tôt.

CLOV. — Si elles devaient germer elles auraient germé. Elles ne germeront jamais.

Un temps.

HAMM. — C'est moins gai que tantôt. (*Un temps.*) Mais c'est toujours comme ça en fin de journée, n'est-ce pas, Clov ?

CLOV. — Toujours.

HAMM. — C'est une fin de journée comme les autres, n'est-ce pas, Clov ?

CLOV. — On dirait.

Un temps.

HAMM (*avec angoisse*). — Mais qu'est-ce qui se passe, qu'est-ce qui se passe ?

CLOV. — Quelque chose suit son cours.

Un temps.

HAMM. — Bon, va-t'en. (*Il renverse la tête contre le dossier du fauteuil, reste immobile. Clov ne bouge pas. Il pousse un grand soupir. Hamm se redresse.*) Je croyais que je t'avais dit de t'en aller.

CLOV. — J'essaie. (*Il va à la porte, s'arrête.*) Depuis ma naissance.

Il sort.

HAMM. — Ça avance.

Il renverse la tête contre le dossier du fauteuil, reste immobile. Nagg frappe sur le couvercle de l'autre poubelle. Un temps. Il frappe plus fort. Le couvercle se soulève, les mains de Nell apparaissent, accrochées au rebord, puis la tête émerge. Bonnet de dentelle. Teint très blanc.

NELL. — Qu'est-ce que c'est, mon gros ? (*Un temps.*) C'est pour la bagatelle ?

NAGG. — Tu dormais ?

NELL. — Oh non !

NAGG. — Embrasse.

NELL. — On ne peut pas.

NAGG. — Essayons.

Les têtes avancent péniblement l'une vers l'autre, n'arrivent pas à se toucher, s'écartent.

NELL. — Pourquoi cette comédie, tous les jours ?

Un temps.

NAGG. — J'ai perdu ma dent.
NELL. — Quand cela ?
NAGG. — Je l'avais hier.
NELL (*élégiaque*). — Ah hier !

Ils se tournent péniblement l'un vers l'autre.

NAGG. — Tu me vois ?
NELL. — Mal. Et toi ?
NAGG. — Quoi ?
NELL. — Tu me vois ?
NAGG. — Mal.
NELL. — Tant mieux, tant mieux.
NAGG. — Ne dis pas ça. (*Un temps.*)
Notre vue a baissé.
NELL. — Oui.

Un temps. Ils se détournent l'un de l'autre.

NAGG. — Tu m'entends ?
NELL. — Oui. Et toi ?
NAGG. — Oui. (*Un temps.*) Notre ouïe
n'a pas baissé.

NELL. — Notre quoi ?

NAGG. — Notre ouïe.

NELL. — Non. (*Un temps.*) As-tu autre chose à me dire ?

NAGG. — Tu te rappelles...

NELL. — Non.

NAGG. — L'accident de tandem où nous laissâmes nos guibolles.

Ils rient.

NELL. — C'était dans les Ardennes.

Ils rient moins fort.

NAGG. — À la sortie de Sedan. (*Ils rient encore moins fort. Un temps.*) Tu as froid ?

NELL. — Oui, très froid. Et toi ?

NAGG. — Je gèle. (*Un temps.*) Tu veux rentrer ?

NELL. — Oui.

NAGG. — Alors rentre. (*Nell ne bouge pas.*) Pourquoi ne rentres-tu pas ?

NELL. — Je ne sais pas.

Un temps.

NAGG. — On a changé ta sciure ?

NELL. — Ce n'est pas de la sciure. (*Un temps. Avec lassitude.*) Tu ne peux pas être un peu précis, Nagg ?

NAGG. — Ton sable alors. Quelle importance ?

NELL. — C'est important.

Un temps.

NAGG. — Autrefois c'était de la sciure.

NELL. — Hé oui.

NAGG. — Et maintenant c'est du sable. (*Un temps.*) De la plage. (*Un temps. Plus fort.*) Maintenant c'est du sable qu'il va chercher à la plage.

NELL. — Hé oui.

NAGG. — Il te l'a changé ?

NELL. — Non.

NAGG. — À moi non plus. (*Un temps.*) Il faut gueuler. (*Un temps. Montrant le biscuit.*) Tu veux un bout ?

NELL. — Non. (*Un temps.*) De quoi ?

NAGG. — De biscuit. Je t'en ai gardé la moitié. (*Il regarde le biscuit. Fier.*) Les trois quarts. Pour toi. Tiens. (*Il lui tend le biscuit.*) Non ? (*Un temps.*) Ça ne va pas ?

HAMM (*avec lassitude*). — Mais taisez-vous, taisez-vous, vous m'empêchez de dormir. (*Un temps.*) Parlez plus bas. (*Un temps.*) Si je dormais je ferais peut-être l'amour. J'irais dans les bois. Je verrais... le ciel, la terre. Je courrais. On me poursuivrait. Je m'enfuirais. (*Un temps.*) Nature ! (*Un temps.*) Il y a une goutte d'eau dans ma tête. (*Un temps.*) Un cœur, un cœur dans ma tête.

Un temps.

NAGG (*bas*). — Tu as entendu ? Un cœur dans sa tête !

Il glousse précautionneusement.

NELL. — Il ne faut pas rire de ces choses, Nagg. Pourquoi en ris-tu toujours ?

NAGG. — Pas si fort !

NELL (*sans baisser la voix*). — Rien n'est plus drôle que le malheur, je te l'accorde. Mais —

NAGG (*scandalisé*). — Oh !

NELL. — Si, si, c'est la chose la plus

31

comique au monde. Et nous en rions, nous en rions, de bon cœur, les premiers temps. Mais c'est toujours la même chose. Oui, c'est comme la bonne histoire qu'on nous raconte trop souvent, nous la trouvons toujours bonne, mais nous n'en rions plus. (*Un temps.*) As-tu autre chose à me dire ?

NAGG. — Non.

NELL. — Réfléchis bien. (*Un temps.*) Alors je vais te laisser.

NAGG. — Tu ne veux pas ton biscuit ? (*Un temps.*) Je te le garde. (*Un temps.*) Je croyais que tu allais me laisser.

NELL. — Je vais te laisser.

NAGG. — Tu peux me gratter d'abord ?

NELL. — Non. (*Un temps.*) Où ?

NAGG. — Dans le dos.

NELL. — Non. (*Un temps.*) Frotte-toi contre le rebord.

NAGG. — C'est plus bas. Dans le creux.

NELL. — Quel creux ?

NAGG. — Le creux. (*Un temps.*) Tu ne peux pas ? (*Un temps.*) Hier tu m'as gratté là.

NELL (*élégiaque*). — Ah hier !

NAGG. — Tu ne peux pas ? (*Un temps.*) Tu ne veux pas que je te gratte, toi ? (*Un temps.*) Tu pleures encore ?

NELL. — J'essayais.

Un temps.

HAMM (*bas*). — C'est peut-être une petite veine.

Un temps.

NAGG. — Qu'est-ce qu'il a dit ?

NELL. — C'est peut-être une petite veine.

NAGG. — Qu'est-ce que ça veut dire ? (*Un temps.*) Ça ne veut rien dire. (*Un temps.*) Je vais te raconter l'histoire du tailleur.

NELL. — Pourquoi ?

NAGG. — Pour te dérider.

NELL. — Elle n'est pas drôle.

NAGG. — Elle t'a toujours fait rire. (*Un temps.*) La première fois j'ai cru que tu allais mourir.

NELL. — C'était sur le lac de Côme.

(*Un temps.*) Une après-midi d'avril. (*Un temps.*) Tu peux le croire ?

NAGG. — Quoi ?

NELL. — Que nous nous sommes promenés sur le lac de Côme. (*Un temps.*) Une après-midi d'avril.

NAGG. — On s'était fiancés la veille.

NELL. — Fiancés !

NAGG. — Tu as tellement ri que tu nous as fait chavirer. On aurait dû se noyer.

NELL. — C'était parce que je me sentais heureuse.

NAGG. — Mais non, mais non, c'était mon histoire. La preuve, tu en ris encore. À chaque fois.

NELL. — C'était profond, profond. Et on voyait le fond. Si blanc. Si net.

NAGG. — Écoute-la encore. (*Voix de raconteur.*) Un Anglais — (*il prend un visage d'Anglais, reprend le sien*) — ayant besoin d'un pantalon rayé en vitesse pour les fêtes du Nouvel An se rend chez son tailleur qui lui prend ses mesures. (*Voix du tailleur.*) « Et voilà qui est fait, revenez dans quatre jours, il sera prêt. » Bon. Qua-

tre jours plus tard. (*Voix du tailleur.*)
« Sorry, revenez dans huit jours, j'ai raté
le fond. » Bon, ça va, le fond, c'est pas
commode. Huit jours plus tard. (*Voix du
tailleur.*) « Désolé, revenez dans dix jours,
j'ai salopé l'entre-jambes. » Bon, d'accord,
l'entre-jambes, c'est délicat. Dix jours plus
tard. (*Voix du tailleur.*) « Navré, revenez
dans quinze jours, j'ai bousillé la bra-
guette. » Bon, à la rigueur, une belle bra-
guette, c'est calé. (*Un temps. Voix normale.*) Je la raconte mal. (*Un temps.
Morne.*) Je raconte cette histoire de plus en
plus mal. (*Un temps. Voix de raconteur.*)
Enfin bref, de faufil en aiguille, voici Pâ-
ques Fleuries et il loupe les boutonnières.
(*Visage, puis voix du client.*) « Goddam
Sir, non, vraiment, c'est indécent, à la fin !
En six jours, vous entendez, six jours, Dieu
fit le monde. Oui Monsieur, parfaitement
Monsieur, le MONDE ! Et vous, vous n'êtes
pas foutu de me faire un pantalon en trois
mois ! » (*Voix du tailleur, scandalisée.*)
« Mais Milord ! Mais Milord ! Regardez
— (*geste méprisant, avec dégoût*) — le

monde... (*un temps*)... et regardez — (*geste amoureux, avec orgueil*) — mon PANTALON ! »

> *Un temps. Il fixe Nell restée impassible, les yeux vagues, part d'un rire forcé et aigu, le coupe, avance la tête vers Nell, lance de nouveau son rire.*

HAMM. — Assez !

> *Nagg sursaute, coupe son rire.*

NELL. — On voyait le fond.

HAMM (*excédé*). — Vous n'avez pas fini ? Vous n'allez donc jamais finir ? (*Soudain furieux.*) Ça ne va donc jamais finir ! (*Nagg plonge dans la poubelle, rabat le couvercle. Nell ne bouge pas.*) Mais de quoi peuvent-ils parler, de quoi peut-on parler encore ? (*Frénétique.*) Mon royaume pour un boueux ! (*Il siffle. Entre Clov.*) Enlève-moi ces ordures ! Fous-les à la mer !

> *Clov va aux poubelles, s'arrête.*

NELL. — Si blanc.

HAMM. — Quoi ? Qu'est-ce qu'elle raconte ?

> *Clov se penche sur Nell, lui tâte le poignet.*

NELL (*bas, à Clov*). — Déserte.

> *Clov lui lâche le poignet, la fait rentrer dans la poubelle, rabat le couvercle, se redresse.*

CLOV (*retournant à sa place à côté du fauteuil*). — Elle n'a plus de pouls.

HAMM. — Oh pour ça elle est formidable, cette poudre. Qu'est-ce qu'elle a baragouiné ?

CLOV. — Elle m'a dit de m'en aller, dans le désert.

HAMM. — De quoi je me mêle ? C'est tout ?

CLOV. — Non.

HAMM. — Et quoi encore ?

CLOV. — Je n'ai pas compris.

HAMM. — Tu l'as bouclée ?

CLOV. — Oui.

HAMM. — Ils sont bouclés tous les deux ?

CLOV. — Oui.

HAMM. — On va condamner les couvercles. (*Clov va vers la porte.*) Ça ne presse pas. (*Clov s'arrête.*) Ma colère tombe, j'ai envie de faire pipi.

CLOV. — Je vais chercher le cathéter.

Il va vers la porte.

HAMM. — Ça ne presse pas. (*Clov s'arrête.*) Donne-moi mon calmant.

CLOV. — C'est trop tôt. (*Un temps.*) C'est trop tôt après ton remontant, il n'agirait pas.

HAMM. — Le matin on vous stimule et le soir on vous stupéfie. À moins que ce ne soit l'inverse. (*Un temps.*) Il est mort naturellement, ce vieux médecin ?

CLOV. — Il n'était pas vieux.

HAMM. — Mais il est mort ?

CLOV. — Naturellement. (*Un temps.*) C'est toi qui me demandes ça ?

Un temps.

HAMM. — Fais-moi faire un petit tour. (*Clov se met derrière le fauteuil et le fait avancer.*) Pas trop vite ! (*Clov fait avancer le fauteuil.*) Fais-moi faire le tour du monde ! (*Clov fait avancer le fauteuil.*) Rase les murs. Puis ramène-moi au centre. (*Clov fait avancer le fauteuil.*) J'étais bien au centre, n'est-ce pas ?

CLOV. — Oui.

HAMM. — Il nous faudrait un vrai fauteuil roulant. Avec de grandes roues. Des roues de bicyclette. (*Un temps.*) Tu rases ?

CLOV. — Oui.

HAMM (*cherchant en tâtonnant le mur*). — Ce n'est pas vrai ! Pourquoi me mens-tu ?

CLOV (*serrant davantage le mur*). — Là, là.

HAMM. — Stop ! (*Clov arrête le fauteuil tout près du mur du fond. Hamm pose la main contre le mur. Un temps.*) — Vieux mur ! (*Un temps.*) Au-delà c'est... l'autre enfer. (*Un temps. Avec violence.*) Plus près ! Plus près ! Tout contre !

CLOV. — Enlève ta main. (*Hamm re-*

tire sa main. Clov colle le fauteuil contre le mur.) Là.

> *Hamm se penche vers le mur, y colle l'oreille.*

HAMM. — Tu entends ? (*Il frappe le mur avec son doigt replié. Un temps.*) Tu entends ? Des briques creuses. (*Il frappe encore.*) Tout ça c'est creux ! (*Un temps. Il se redresse. Avec violence.*) Assez ! On rentre.

CLOV. — On n'a pas fait le tour.

HAMM. — Ramène-moi à ma place. (*Clov ramène le fauteuil à sa place, l'arrête.*) C'est là ma place ?

CLOV. — Oui, ta place est là.

HAMM. — Je suis bien au centre ?

CLOV. — Je vais mesurer.

HAMM. — À peu près ! À peu près !

CLOV. — Là.

HAMM. — Je suis à peu près au centre ?

CLOV. — Il me semble.

HAMM. — Il te semble ! Mets-moi bien au centre !

CLOV. — Je vais chercher la chaîne.

HAMM. — À vue de nez ! À vue de nez !
(*Clov déplace insensiblement le fauteuil.*)
Bien au centre !

CLOV. — Là.

Un temps.

HAMM. — Je me sens un peu trop sur
la gauche. (*Clov déplace insensiblement le
fauteuil. Un temps.*) Maintenant je me sens
un peu trop sur la droite. (*Même jeu.*) Je
me sens un peu trop en avant. (*Même jeu.*)
Maintenant je me sens un peu trop en
arrière. (*Même jeu.*) Ne reste pas là (*derrière le fauteuil*), tu me fais peur.

*Clov retourne à sa place à côté du
fauteuil.*

CLOV. — Si je pouvais le tuer je mourrais
content.

Un temps.

HAMM. — Quel temps fait-il ?

CLOV. — Le même que d'habitude.

HAMM. — Regarde la terre.

CLOV. — Je l'ai regardée.

HAMM. — À la lunette ?

CLOV. — Pas besoin de lunette.

HAMM. — Regarde-la à la lunette.

CLOV. — Je vais chercher la lunette.

Il sort.

HAMM. — Pas besoin de lunette !

Entre Clov, la lunette à la main.

CLOV. — Je suis de retour, avec la lunette. (*Il va vers la fenêtre à droite, la regarde.*) Il me faut l'escabeau.

HAMM. — Pourquoi ? Tu as rapetissé ? (*Clov sort, la lunette à la main.*) Je n'aime pas ça, je n'aime pas ça.

Entre Clov avec l'escabeau, mais sans la lunette.

CLOV. — J'apporte l'escabeau. (*Il installe l'escabeau sous la fenêtre à droite, monte dessus, se rend compte qu'il n'a pas la lunette, descend de l'escabeau.*) Il me faut la lunette.

Il va vers la porte.

HAMM (*avec violence*). — Mais tu as la lunette !

CLOV (*s'arrêtant, avec violence*). — Mais non, je n'ai pas la lunette !

Il sort.

HAMM. — C'est d'un triste.

Entre Clov, la lunette à la main. Il va vers l'escabeau.

CLOV. — Ça redevient gai. (*Il monte sur l'escabeau, braque la lunette sur le dehors. Elle lui échappe des mains, tombe. Un temps.*) J'ai fait exprès. (*Il descend de l'escabeau, ramasse la lunette, l'examine, la braque sur la salle.*) Je vois... une foule en délire. (*Un temps.*) Ça alors, pour une longue-vue c'est une longue-vue. (*Il baisse la lunette, se tourne vers Hamm.*) Alors ? On ne rit pas ?

HAMM (*ayant réfléchi*). — Moi non.

CLOV (*ayant réfléchi*). — Moi non plus. (*Il monte sur l'escabeau, braque la lunette sur le dehors.*) Voyons voir... (*Il regarde, en promenant la lunette.*) Zéro... (*il re-*

garde)... zéro... *(il regarde)*... et zéro. *(Il baisse la lunette, se tourne vers Hamm.)* Alors ? Rassuré ?

HAMM. — Rien ne bouge. Tout est...

CLOV. — Zér —

HAMM *(avec violence)*. — Je ne te parle pas ! *(Voix normale.)* Tout est... tout est... tout est quoi ? *(Avec violence.)* Tout est quoi ?

CLOV. — Ce que tout est ? En un mot ? C'est ça que tu veux savoir ? Une seconde. *(Il braque la lunette sur le dehors, regarde, baisse la lunette, se tourne vers Hamm.)* Mortibus. *(Un temps.)* Alors ? Content ?

HAMM. — Regarde la mer.

CLOV. — C'est pareil.

HAMM. — Regarde l'Océan !

Clov descend de l'escabeau, fait quelques pas vers la fenêtre à gauche, retourne prendre l'escabeau, l'installe sous la fenêtre à gauche, monte dessus, braque la lunette sur le dehors, regarde longuement. Il sursaute, baisse la lunette, l'examine, la braque de nouveau.

CLOV. — Jamais vu une chose comme ça !

HAMM (*inquiet*). — Quoi ? Une voile ? Une nageoire ? Une fumée ?

CLOV (*regardant toujours*). — Le fanal est dans le canal.

HAMM (*soulagé*). — Pah ! Il l'était déjà.

CLOV (*de même*). — Il en restait un bout.

HAMM. — La base.

CLOV (*de même*). — Oui.

HAMM. — Et maintenant ?

CLOV (*de même*). — Plus rien.

HAMM. — Pas de mouettes ?

CLOV (*de même*). — Mouettes !

HAMM. — Et l'horizon ? Rien à l'horizon ?

CLOV (*baissant la lunette, se tournant vers Hamm, exaspéré*). — Mais que veux-tu qu'il y ait à l'horizon ?

Un temps.

HAMM. — Les flots, comment sont les flots ?

CLOV. — Les flots ? (*Il braque la lunette.*) Du plomb.

HAMM. — Et le soleil ?

CLOV (*regardant toujours*). — Néant.

HAMM. — Il devrait être en train de se coucher pourtant. Cherche bien.

CLOV (*ayant cherché*). — Je t'en fous.

HAMM. — Il fait donc nuit déjà ?

CLOV (*regardant toujours*). — Non.

HAMM. — Alors quoi ?

CLOV (*de même*). — Il fait gris. (*Baissant la lunette et se tournant vers Hamm, plus fort.*) Gris ! (*Un temps. Encore plus fort.*) GRRIS !

> *Il descend de l'escabeau, s'approche de Hamm par derrière et lui parle à l'oreille.*

HAMM (*sursautant*). — Gris ! Tu as dit gris ?

CLOV. — Noir clair. Dans tout l'univers.

HAMM. — Tu vas fort. (*Un temps.*) Ne reste pas là, tu me fais peur.

> *Clov retourne à sa place à côté du fauteuil.*

46

CLOV. — Pourquoi cette comédie, tous les jours ?

HAMM. — La routine. On ne sait jamais. (*Un temps.*) Cette nuit j'ai vu dans ma poitrine. Il y avait un gros bobo.

CLOV. — Tu as vu ton cœur.

HAMM. — Non, c'était vivant. (*Un temps. Avec angoisse.*) Clov !

CLOV. — Oui.

HAMM. — Qu'est-ce qui se passe ?

CLOV. — Quelque chose suit son cours.

Un temps.

HAMM. — Clov !

CLOV (*agacé*). — Qu'est-ce que c'est ?

HAMM. — On n'est pas en train de... de... signifier quelque chose ?

CLOV. — Signifier ? Nous, signifier ! (*Rire bref.*) Ah elle est bonne !

HAMM. — Je me demande. (*Un temps.*) Une intelligence, revenue sur terre, ne serait-elle pas tentée de se faire des idées, à force de nous observer ? (*Prenant la voix de l'intelligence.*) Ah, bon, je vois ce que c'est, oui, je vois ce qu'ils font ! (*Clov sursaute,* lâche la lunette et commence à se gratter le bas-ventre des deux mains. *Voix normale.*) Et même sans aller jusque-là, nous-mêmes... (*avec émotion*)... nous-mêmes... par moments... (*Véhément.*) Dire que tout cela n'aura peut-être pas été pour rien !

CLOV (*avec angoisse, se grattant*). — J'ai une puce !

HAMM. — Une puce ! Il y a encore des puces ?

CLOV (*se grattant*). — À moins que ce ne soit un morpion.

HAMM (*très inquiet*). — Mais à partir de là l'humanité pourrait se reconstituer ! Attrape-la, pour l'amour du ciel !

CLOV. — Je vais chercher la poudre.

Il sort.

HAMM. — Une puce ! C'est épouvantable ! Quelle journée !

Entre Clov, un carton verseur à la main.

CLOV. — Je suis de retour, avec l'insecticide.

HAMM. — Flanque-lui en plein la lampe !

> *Clov dégage sa chemise du pantalon, déboutonne le haut de celui-ci, l'écarte de son ventre et verse la poudre dans le trou. Il se penche, regarde, attend, tressaille, reverse frénétiquement de la poudre, se penche, regarde, attend.*

CLOV. — La vache !

HAMM. — Tu l'as eue ?

CLOV. — On dirait. (*Il lâche le carton et arrange ses vêtements.*) À moins qu'elle ne se tienne coïte.

HAMM. — Coïte ! Coite tu veux dire. À moins qu'elle ne se tienne coite.

CLOV. — Ah ! On dit coite ? On ne dit pas coïte ?

HAMM. — Mais voyons ! Si elle se tenait coïte nous serions baisés.

Un temps.

CLOV. — Et ce pipi ?

HAMM. — Ça se fait.

CLOV. — Ah ça c'est bien, ça c'est bien.

Un temps.

HAMM (*avec élan*). — Allons-nous en tous les deux, vers le sud ! Sur la mer ! Tu nous feras un radeau. Les courants nous emporteront, loin, vers d'autres... mammifères !

CLOV. — Parle pas de malheur.

HAMM. — Seul, je m'embarquerai seul ! Prépare-moi ce radeau immédiatement. Demain je serai loin.

CLOV (*se précipitant vers la porte*). — Je m'y mets tout de suite.

HAMM. — Attends ! (*Clov s'arrête.*) Tu crois qu'il y aura des squales ?

CLOV. — Des squales ? Je ne sais pas. S'il y en a il y en aura.

Il va vers la porte.

HAMM. — Attends ! (*Clov s'arrête.*) Ce n'est pas encore l'heure de mon calmant ?

CLOV (*avec violence*). — Non !

Il va vers la porte.

HAMM. — Attends ! (*Clov s'arrête.*)
Comment vont tes yeux ?

CLOV. — Mal.

HAMM. — Mais tu vois.

CLOV. — Suffisamment.

HAMM. — Comment vont tes jambes ?

CLOV. — Mal.

HAMM. — Mais tu marches.

CLOV. — Je vais, je viens.

HAMM. — Dans ma maison. (*Un temps. Prophétique et avec volupté.*) Un jour tu seras aveugle. Comme moi. Tu seras assis quelque part, petit plein perdu dans le vide, pour toujours, dans le noir. Comme moi. (*Un temps.*) Un jour tu te diras, Je suis fatigué, je vais m'asseoir, et tu iras t'asseoir. Puis tu te diras, J'ai faim, je vais me lever et me faire à manger. Mais tu ne te lèveras pas. Tu te diras, J'ai eu tort de m'asseoir, mais puisque je me suis assis je vais rester assis encore un peu, puis je me lèverai et je me ferai à manger. Mais tu ne te lèveras pas et tu ne te feras pas à manger. (*Un temps.*) Tu regarderas le mur un peu, puis tu te diras, Je vais fermer les yeux, peut-être dormir un peu, après ça ira mieux, et tu les fermeras. Et quand tu les rouvriras il n'y aura plus de mur. (*Un temps.*) L'infini du vide sera autour de toi, tous les morts de tous les temps ressuscités ne le combleraient pas, tu y seras comme un petit gravier au milieu de la steppe. (*Un temps.*) Oui, un jour tu sauras ce que c'est, tu seras comme moi, sauf que toi tu n'auras personne, parce que tu n'auras eu pitié de personne et qu'il n'y aura plus personne de qui avoir pitié.

Un temps.

CLOV. — Ce n'est pas dit. (*Un temps.*) Et puis tu oublies une chose.

HAMM. — Ah.

CLOV. — Je ne peux pas m'asseoir.

HAMM (*impatient*). — Eh bien, tu te coucheras, tu parles d'une affaire. Ou tu t'arrêteras, tout simplement, tu resteras debout, comme maintenant. Un jour tu te diras, Je suis fatigué, je vais m'arrêter. Qu'importe la posture !

Un temps.

CLOV. — Vous voulez donc tous que je vous quitte ?

HAMM. — Bien sûr.

CLOV. — Alors je vous quitterai.

HAMM. — Tu ne peux pas nous quitter.

CLOV. — Alors je ne vous quitterai pas.

Un temps.

HAMM. — Tu n'as qu'à nous achever. (*Un temps.*) Je te donne la combinaison du buffet si tu jures de m'achever.

CLOV. — Je ne pourrais pas t'achever.

HAMM. — Alors tu ne m'achèveras pas.

Un temps.

CLOV. — Je te quitte, j'ai à faire.

HAMM. — Tu te souviens de ton arrivée ici ?

CLOV. — Non. Trop petit, tu m'as dit.

HAMM. — Tu te souviens de ton père ?

CLOV (*avec lassitude*). — Même réplique. (*Un temps.*) Tu m'as posé ces questions des millions de fois.

HAMM. — J'aime les vieilles questions.

(*Avec élan.*) Ah les vieilles questions, les vieilles réponses, il n'y a que ça ! (*Un temps.*) C'est moi qui t'ai servi de père.

CLOV. — Oui. (*Il le regarde fixement.*) C'est toi qui m'as servi de cela.

HAMM. — Ma maison qui t'a servi de home.

CLOV. — Oui. (*Long regard circulaire.*) Ceci m'a servi de cela.

HAMM (*fièrement*). — Sans moi (*geste vers soi*), pas de père. Sans Hamm (*geste circulaire*), pas de home.

Un temps.

CLOV. — Je te quitte.

HAMM. — As-tu jamais pensé à une chose ?

CLOV. — Jamais.

HAMM. — Qu'ici nous sommes dans un trou. (*Un temps.*) Mais derrière la montagne ? Hein ? Si c'était encore vert ? Hein ? (*Un temps.*) Flore ! Pomone ! (*Un temps. Avec extase.*) Cérès ! (*Un temps.*) Tu n'auras peut-être pas besoin d'aller loin.

CLOV. — Je ne peux pas aller loin. (*Un temps.*) Je te quitte.

HAMM. — Mon chien est prêt ?

CLOV. — Il lui manque une patte.

HAMM. — Il est soyeux ?

CLOV. — C'est le genre loulou.

HAMM. — Va le chercher.

CLOV. — Il lui manque une patte.

HAMM. — Va le chercher ! (*Clov sort.*) Ça avance.

Il sort son mouchoir, s'en essuie le visage sans le déplier, le remet dans sa poche. Entre Clov, tenant par une de ses trois pattes un chien noir en peluche.

CLOV. — Tes chiens sont là.

Il donne le chien à Hamm qui l'assied sur ses genoux, le palpe, le caresse.

HAMM. — Il est blanc, n'est-ce pas ?

CLOV. — Presque.

HAMM. — Comment presque ? Il est blanc ou il ne l'est pas ?

CLOV. — Il ne l'est pas.

Un temps.

HAMM. — Tu as oublié le sexe.

CLOV (*vexé*). — Mais il n'est pas fini. Le sexe se met en dernier.

Un temps.

HAMM. — Tu n'as pas mis son ruban.

CLOV (*avec colère*). — Mais il n'est pas fini, je te dis ! On finit son chien d'abord, puis on lui met son ruban !

Un temps.

HAMM. — Est-ce qu'il tient debout ?

CLOV. — Je ne sais pas.

HAMM. — Essaie. (*Il rend le chien à Clov qui le pose sur le sol.*) Alors ?

CLOV. — Attends.

Accroupi il essaie de faire tenir le chien debout, n'y arrive pas, le lâche. Le chien tombe sur le flanc.

HAMM. — Alors quoi ?

CLOV. — Il tient.

HAMM (*tâtonnant*). — Où ? Où est-il ?

Clov remet le chien debout et le maintient.

CLOV. — Là.

Il prend la main de Hamm et la guide vers la tête du chien.

HAMM (*la main sur la tête du chien*). — Il me regarde ?

CLOV. — Oui.

HAMM (*fier*). — Comme s'il me demandait d'aller promener.

CLOV. — Si l'on veut.

HAMM (*de même*). — Ou comme s'il me demandait un os. (*Il retire sa main.*) Laisse-le comme ça, en train de m'implorer.

Clov se redresse. Le chien retombe sur le flanc.

CLOV. — Je te quitte.

HAMM. — Tu as eu tes visions ?

CLOV. — Moins.

HAMM. — Il y a de la lumière chez la Mère Pegg ?

CLOV. — De la lumière ! Comment veux-tu qu'il y ait de la lumière chez quelqu'un ?

HAMM. — Alors elle s'est éteinte.

CLOV. — Mais bien sûr qu'elle s'est éteinte ! S'il n'y en a plus c'est qu'elle s'est éteinte.

HAMM. — Non, je veux dire la Mère Pegg.

CLOV. — Mais bien sûr qu'elle s'est éteinte ! Qu'est-ce que tu as aujourd'hui ?

HAMM. — Je suis mon cours. (*Un temps.*) On l'a enterrée ?

CLOV. — Enterrée ! Qui veux-tu qui l'enterre ?

HAMM. — Toi.

CLOV. — Moi ! Je n'ai pas assez à faire sans enterrer les gens ?

HAMM. — Mais moi tu m'enterreras.

CLOV. — Mais non je ne t'enterrerai pas !

Un temps.

HAMM. — Elle était jolie, autrefois, comme un cœur. Et pas farouche pour un liard.

CLOV. — Nous aussi on était jolis — autrefois. Il est rare qu'on ne soit pas joli — autrefois.

Un temps.

HAMM. — Va me chercher la gaffe.

Clov va à la porte, s'arrête.

CLOV. — Fais ceci, fais cela, et je le fais. Je ne refuse jamais. Pourquoi ?

HAMM. — Tu ne peux pas.

CLOV. — Bientôt je ne le ferai plus.

HAMM. — Tu ne pourras plus. (*Clov sort.*) Ah les gens, les gens, il faut tout leur expliquer.

Entre Clov, la gaffe à la main.

CLOV. — Voilà ta gaffe. Avale-la.

Il donne la gaffe à Hamm qui s'efforce, en prenant appui dessus, à droite, à gauche, devant lui, de déplacer le fauteuil.

HAMM. — Est-ce que j'avance ?
CLOV. — Non.

Hamm jette la gaffe.

HAMM. — Va chercher la burette.
CLOV. — Pour quoi faire ?
HAMM. — Pour graisser les roulettes.
CLOV. — Je les ai graissées hier.
HAMM. — Hier ! Qu'est-ce que ça veut dire. Hier !
CLOV (*avec violence*). — Ça veut dire il y a un foutu bout de misère. J'emploie les mots que tu m'as appris. S'ils ne veulent plus rien dire apprends-m'en d'autres. Ou laisse-moi me taire.

Un temps.

HAMM. — J'ai connu un fou qui croyait que la fin du monde était arrivée. Il faisait de la peinture. Je l'aimais bien. J'allais le voir, à l'asile. Je le prenais par la main et le traînais devant la fenêtre. Mais regarde !

Là ! Tout ce blé qui lève ! Et là ! Regarde ! Les voiles des sardiniers ! Toute cette beauté ! (*Un temps.*) Il m'arrachait sa main et retournait dans son coin. Épouvanté. Il n'avait vu que des cendres. (*Un temps.*) Lui seul avait été épargné. (*Un temps.*) Oublié. (*Un temps.*) Il paraît que le cas n'est... n'était pas si... si rare.

CLOV. — Un fou ? Quand cela ?

HAMM. — Oh c'est loin, loin. Tu n'étais pas encore de ce monde.

CLOV. — La belle époque !

Un temps. Hamm soulève sa calotte.

HAMM. — Je l'aimais bien. (*Un temps. Il remet sa calotte. Un temps.*) Il faisait de la peinture.

CLOV. — Il y a tant de choses terribles.

HAMM. — Non non, il n'y en a plus tellement. (*Un temps.*) Clov.

CLOV. — Oui.

HAMM. — Tu ne penses pas que ça a assez duré ?

CLOV. — Si ! (*Un temps.*) Quoi ?

HAMM. — Ce... cette... chose.

CLOV. — Je l'ai toujours pensé. (*Un temps.*) Pas toi ?

HAMM (*morne*). — Alors c'est une journée comme les autres.

CLOV. — Tant qu'elle dure. (*Un temps.*) Toute la vie les mêmes inepties.

Un temps.

HAMM. — Moi je ne peux pas te quitter.

CLOV. — Je sais. Et tu ne peux pas me suivre.

Un temps.

HAMM. — Si tu me quittes comment le saurai-je ?

CLOV (*avec animation*). — Et bien tu me siffles et si je n'accours pas c'est que je t'aurai quitté.

Un temps.

HAMM. — Tu ne viendras pas me dire adieu ?

CLOV. — Oh je ne pense pas.

Un temps.

HAMM. — Mais tu pourrais être seulement mort dans ta cuisine.

CLOV. — Ça reviendrait au même.

HAMM. — Oui, mais comment le saurais-je, si tu étais seulement mort dans ta cuisine.

CLOV. — Eh bien... je finirais bien par puer.

HAMM. — Tu pues déjà. Toute la maison pue le cadavre.

CLOV. — Tout l'univers.

HAMM (*avec colère*). — Je m'en fous de l'univers ! (*Un temps.*) Trouve quelque chose.

CLOV. — Comment ?

HAMM. — Un truc, trouve un truc. (*Un temps. Avec colère.*) Une combine !

CLOV. — Ah bon. (*Il commence à marcher de long en large, les yeux rivés au sol, les mains derrière le dos. Il s'arrête.*)

J'ai mal aux jambes, c'est pas croyable. Je ne pourrai bientôt plus penser.

HAMM. — Tu ne pourras pas me quitter. (*Clov repart.*) Qu'est-ce que tu fais ?

CLOV. — Je combine. (*Il marche.*) Ah !

Il s'arrête.

HAMM. — Quel penseur ! (*Un temps.*) Alors ?

CLOV. — Attends. (*Il se concentre. Pas très convaincu.*) Oui... (*Un temps. Plus convaincu.*) Oui. (*Il relève la tête.*) Voilà. Je mets le réveil.

Un temps.

HAMM. — Je ne suis peut-être pas dans un de mes bons jours, mais —

CLOV. — Tu me siffles. Je ne viens pas. Le réveil sonne. Je suis loin. Il ne sonne pas. Je suis mort.

Un temps

HAMM. — Est-ce qu'il marche ? (*Un*

temps. Impatient.) Le réveil, est-ce qu'il marche ?

CLOV. — Pourquoi ne marcherait-il pas ?

HAMM. — D'avoir trop marché.

CLOV. — Mais il n'a presque pas marché.

HAMM (*avec colère*). — Alors d'avoir trop peu marché !

CLOV. — Je vais voir. (*Il sort. Jeu de mouchoir. Brève sonnerie du réveil en coulisse. Entre Clov, le réveil à la main. Il l'approche de l'oreille de Hamm, déclenche la sonnerie. Ils l'écoutent sonner jusqu'au bout. Un temps.*) Digne du jugement dernier ! Tu as entendu ?

HAMM. — Vaguement.

CLOV. — La fin est inouïe.

HAMM. — Je préfère le milieu. (*Un temps.*) Ce n'est pas l'heure de mon calmant ?

CLOV. — Non. (*Il va à la porte, se retourne.*) Je te quitte.

HAMM. — C'est l'heure de mon histoire. Tu veux écouter mon histoire ?

65

CLOV. — Non.

HAMM. — Demande à mon père s'il veut écouter mon histoire.

Clov va aux poubelles, soulève le couvercle de celle de Nagg, regarde dedans, se penche dessus. Un temps. Il se redresse.

CLOV. — Il dort.

HAMM. — Réveille-le.

Clov se penche, réveille Nagg en faisant sonner le réveil. Mots confus. Clov se redresse.

CLOV. — Il ne veut pas écouter ton histoire.

HAMM. — Je lui donnerai un bonbon.

Clov se penche. Mots confus. Clov se redresse.

CLOV. — Il veut une dragée.

HAMM. — Il aura une dragée.

Clov se penche. Mots confus. Clov se redresse.

CLOV. — Il marche. (*Clov va vers la porte. Les mains de Nagg apparaissent, accrochées au rebord. Puis la tête émerge. Clov ouvre la porte, se retourne.*) Tu crois à la vie future ?

HAMM. — La mienne l'a toujours été. (*Clov sort en claquant la porte.*) Pan ! Dans les gencives.

NAGG. — J'écoute.

HAMM. — Salopard ! Pourquoi m'as-tu fait ?

NAGG. — Je ne pouvais pas savoir.

HAMM. — Quoi ? Qu'est-ce que tu ne pouvais pas savoir ?

NAGG. — Que ce serait toi. (*Un temps.*) Tu me donneras une dragée ?

HAMM. — Après l'écoute.

NAGG. — Juré ?

HAMM. — Oui.

NAGG. — Sur quoi ?
HAMM. — L'honneur.

Un temps. Ils rient.

NAGG. — Deux ?
HAMM. — Une.
NAGG. — Une pour moi et une —
HAMM. — Une ! Silence ! (*Un temps.*)
Où en étais-je ? (*Un temps. Morne.*) C'est
cassé, nous sommes cassés. (*Un temps.*)
Ça va casser. (*Un temps.*) Il n'y aura plus
de voix. (*Un temps.*) Une goutte d'eau
dans la tête, depuis les fontanelles. (*Hila-
rité étouffée de Nagg.*) Elle s'écrase toujours au même endroit. (*Un temps.*) C'est
peut-être une petite veine. (*Un temps.*) Une
petite artère. (*Un temps. Plus animé.*)
Allons, c'est l'heure, où en étais-je ? (*Un
temps. Ton de narrateur.*) L'homme s'ap-
procha lentement, en se traînant sur le
ventre. D'une pâleur et d'une maigreur
admirables il paraissait sur le point de —
(*Un temps. Ton normal.*) Non, ça je l'ai
fait. (*Un temps. Ton de narrateur.*) Un

long silence se fit entendre. (*Ton normal.*) Joli ça. (*Ton de narrateur.*) Je bourrai tranquillement ma pipe — en magnésite, l'allumai avec une... mettons une suédoise, en tirai quelques bouffées. Aah ! (*Un temps.*) Allons, je vous écoute. (*Un temps.*) Il faisait ce jour-là, je m'en souviens, un froid extraordinairement vif, zéro au thermomètre. Mais comme nous étions la veille de Noël cela n'avait rien de... d'extraordinaire. Un temps de saison, comme cela vous arrive. (*Un temps.*) Allons, quel sale vent vous amène ? Il leva vers moi son visage tout noir de saleté et de larmes mêlées. (*Un temps. Ton normal.*) Ça va aller. (*Ton de narrateur.*) Non, non, ne me regardez pas, ne me regardez pas ! Il baissa les yeux, en marmottant, des excuses sans doute. (*Un temps.*) Je suis assez occupé, vous savez, les préparatifs de fête. (*Un temps. Avec force.*) Mais quel est donc l'objet de cette invasion ? (*Un temps.*) Il faisait ce jour-là, je me rappelle, un soleil vraiment splendide, cinquante à l'héliomètre, mais il plongeait déjà, dans la...

chez les morts. (*Ton normal.*) Joli ça. (*Ton de narrateur.*) Allons, allons, présentez votre supplique, mille soins m'appellent. (*Ton normal.*) Ça c'est du français ! Enfin. (*Ton de narrateur.*) Ce fut alors qu'il prit sa résolution. C'est mon enfant, dit-il. Aïeaïeaïe, un enfant, voilà qui est fââcheux. Mon petit, dit-il, comme si le sexe avait de l'importance. D'où sortait-il ? Il me nomma le trou. Une bonne demi-journée, à cheval. N'allez pas me raconter qu'il y a encore de la population là-bas. Tout de même ! Non, non, personne, sauf lui, et l'enfant — en supposant qu'il existât. Bon bon. Je m'en-quis de la situation à Kov, de l'autre côté du détroit. Plus un chat. Bon bon. Et vous voulez me faire croire que vous avez laissé votre enfant là-bas, tout seul, et vivant par-dessus le marché ? Allons ! (*Un temps.*) Il faisait ce jour-là, je m'en souviens, un vent cinglant, cent à l'anémomètre. Il arra-chait les pins morts et les emportait... au loin. (*Ton normal.*) Un peu faible ça. (*Ton de narrateur.*) Allons, allons, qu'est-ce que vous me voulez à la fin, je dois allumer mon sapin. (*Un temps.*) Enfin bref je finis par comprendre qu'il me voulait du pain pour son enfant. Du pain ! Un gueux, comme d'habitude. Du pain ? Mais je n'ai pas de pain, je ne le digère pas. Bon. Alors du blé ? (*Un temps. Ton normal.*) Ça va aller. (*Ton de narrateur.*) Du blé, j'en ai, il est vrai, dans mes greniers. Mais réfléchissez, réfléchissez. Je vous donne du blé, un kilo, un kilo et demi, vous le rapportez à votre enfant et vous lui en faites — s'il vit encore — une bonne bouillie (*Nagg réagit*), une bonne bouillie et demie, bien nourrissante. Bon. Il reprend ses couleurs — peut-être. Et puis ? (*Un temps.*) Je me fââchai. Mais réfléchissez, réfléchissez, vous êtes sur terre, c'est sans remède ! (*Un temps.*) Il faisait ce jour-là, je me rappelle, un temps excessivement sec, zéro à l'hygromètre. Le rêve, pour mes rhumatismes. (*Un temps. Avec emportement.*) Mais enfin quel est votre espoir ? Que la terre renaisse au printemps ? Que la mer et les rivières redeviennent poissonneuses ? Qu'il y ait encore de la manne au ciel pour des imbéciles

71

comme vous ? (*Un temps.*) Peu à peu je m'apaisai, enfin suffisamment pour lui demander combien de temps il avait mis pour venir. Trois jours pleins. Dans quel état il avait laissé l'enfant. Plongé dans le sommeil. (*Avec force.*) Mais dans quel sommeil, dans quel sommeil déjà ? (*Un temps.*) Enfin bref je lui proposai d'entrer à mon service. Il m'avait remué. Et puis je m'imaginais déjà n'en avoir plus pour longtemps. (*Il rit. Un temps.*) Alors ? (*Un temps.*) Alors ? (*Un temps.*) Ici en faisant attention vous pourriez mourir de votre belle mort, les pieds au sec. (*Un temps.*) Alors ? (*Un temps.*) Il finit par me demander si je consentirais à recueillir l'enfant aussi — s'il vivait encore. (*Un temps.*) C'était l'instant que j'attendais. (*Un temps.*) Si je consentirais à recueillir l'enfant. (*Un temps.*) Je le revois, à genoux, les mains appuyées au sol, me fixant de ses yeux déments, malgré ce que je venais de lui signifier à ce propos. (*Un temps. Ton normal.*) Suffit pour aujourd'hui. (*Un temps.*) Je n'en ai plus pour longtemps avec cette histoire. (*Un temps.*)

À moins d'introduire d'autres personnages. (*Un temps.*) Mais où les trouver ? (*Un temps.*) Où les chercher ? (*Un temps. Il siffle. Entre Clov.*) Prions Dieu.

NAGG. — Ma dragée !

CLOV. — Il y a un rat dans la cuisine.

HAMM. — Un rat ! Il y a encore des rats ?

CLOV. — Dans la cuisine il y en a un.

HAMM. — Et tu ne l'as pas exterminé ?

CLOV. — À moitié. Tu nous as dérangés.

HAMM. — Il ne peut pas se sauver ?

CLOV. — Non.

HAMM. — Tu l'achèveras tout à l'heure. Prions Dieu.

CLOV. — Encore ?

NAGG. — Ma dragée !

HAMM. — Dieu d'abord ! (*Un temps.*) Vous y êtes ?

CLOV (*résigné*). — Allons-y.

HAMM (*à Nagg*). — Et toi ?

NAGG (*joignant les mains, fermant les*

yeux, débit précipité). — Notre Père qui êtes aux...

HAMM. — Silence ! En silence ! Un peu de tenue ! Allons-y. (*Attitudes de prière. Silence. Se décourageant le premier.*) Alors ?

CLOV (*rouvrant les yeux*). — Je t'en fous ! Et toi ?

HAMM. — Bernique ! (*À Nagg.*) Et toi ?

NAGG. — Attends. (*Un temps. Rouvrant les yeux.*) Macache !

HAMM. — Le salaud ! Il n'existe pas !

CLOV. — Pas encore.

NAGG. — Ma dragée !

HAMM. — Il n'y a plus de dragées.

Un temps.

NAGG. — C'est normal. Après tout je suis ton père. Il est vrai que si ce n'avait pas été moi ç'aurait été un autre. Mais ce n'est pas une excuse. (*Un temps.*) Le rahat-loukoum, par exemple, qui n'existe plus, nous le savons bien, je l'aime plus que tout au monde. Et un jour je t'en demanderai, en contre-partie d'une complaisance, et tu m'en promettras. Il faut vivre avec son temps. (*Un temps.*) Qui appelais-tu, quand tu étais tout petit et avais peur, dans la nuit ? Ta mère ? Non. Moi. On te laissait crier. Puis on t'éloigna, pour pouvoir dormir. (*Un temps.*) Je dormais, j'étais comme un roi, et tu m'as fait réveiller pour que je t'écoute. Ce n'était pas indispensable, tu n'avais pas vraiment besoin que je t'écoute. D'ailleurs je ne t'ai pas écouté. (*Un temps.*) J'espère que le jour viendra où tu auras vraiment besoin que je t'écoute, et besoin d'entendre ma voix, une voix. (*Un temps.*) Oui, j'espère que je vivrai jusque-là, pour t'entendre m'appeler comme lorsque tu étais tout petit, et avais peur, dans la nuit, et que j'étais ton seul espoir. (*Un temps. Nagg frappe sur le couvercle de la poubelle de Nell. Un temps.*) Nell ! (*Un temps. Il frappe plus fort.*) Nell !

> *Un temps. Nagg rentre dans sa poubelle, rabat le couvercle. Un temps.*

HAMM. — Finie la rigolade. (*Il cherche en tâtonnant le chien.*) Le chien est parti.

CLOV. — Ce n'est pas un vrai chien, il ne peut pas partir.

HAMM (*tâtonnant*). — Il n'est pas là.

CLOV. — Il s'est couché.

HAMM. — Donne-le. (*Clov ramasse le chien et le donne à Hamm. Hamm le tient dans ses bras. Un temps. Hamm jette le chien.*) Sale bête ! (*Clov commence à ramasser les objets par terre.*) Qu'est-ce que tu fais ?

CLOV. — De l'ordre. (*Il se redresse. Avec élan.*) Je vais tout débarrasser !

Il se remet à ramasser.

HAMM. — De l'ordre !

CLOV (*se redressant*). — J'aime l'ordre. C'est mon rêve. Un monde où tout serait silencieux et immobile et chaque chose à sa place dernière, sous la dernière poussière.

Il se remet à ramasser.

HAMM (*exaspéré*). — Mais qu'est-ce que tu fabriques ?

CLOV (*se redressant, doucement*). — J'essaie de fabriquer un peu d'ordre.

HAMM. — Laisse tomber.

> *Clov laisse tomber les objets qu'il vient de ramasser.*

CLOV. — Après tout, là ou ailleurs.

> *Il va vers la porte.*

HAMM (*agacé*). — Qu'est-ce qu'ils ont, tes pieds ?

CLOV. — Mes pieds ?

HAMM. — On dirait un régiment de dragons.

CLOV. — J'ai dû mettre mes brodequins.

HAMM. — Tes babouches te faisaient mal ?

> *Un temps.*

CLOV. — Je te quitte.

HAMM. — Non !

CLOV. — À quoi est-ce que je sers ?

HAMM. — À me donner la réplique. (*Un temps.*) J'ai avancé mon histoire. (*Un temps.*) Je l'ai bien avancée. (*Un temps.*) Demande-moi où j'en suis.

CLOV. — Oh, à propos, ton histoire ?

HAMM (*très surpris*). — Quelle histoire ?

CLOV. — Celle que tu te racontes depuis toujours.

HAMM. — Ah tu veux dire mon roman ?

CLOV. — Voilà.

Un temps.

HAMM (*avec colère*). — Mais pousse plus loin, bon sang, pousse plus loin !

CLOV. — Tu l'as bien avancée, j'espère.

HAMM (*modeste*). — Oh pas de beaucoup, pas de beaucoup. (*Il soupire.*) Il y a des jours comme ça, on n'est pas en verve. (*Un temps.*) Il faut attendre que ça vienne. (*Un temps.*) Jamais forcer, jamais forcer, c'est fatal. (*Un temps.*) Je l'ai néanmoins avancée un peu. (*Un temps.*) Lorsqu'on a du métier, n'est-ce pas ? (*Un temps. Avec force.*) Je dis que je l'ai néanmoins avancée un peu.

CLOV (*admiratif*). — Ça alors ! Tu as quand même pu l'avancer !

HAMM (*modeste*). — Oh tu sais, pas de beaucoup, pas de beaucoup, mais tout de même, mieux que rien.

CLOV. — Mieux que rien ! Ça alors tu m'épates.

HAMM. — Je vais te raconter. Il vient à plat ventre —

CLOV. — Qui ça ?

HAMM. — Comment ?

CLOV. — Qui, il ?

HAMM. — Mais voyons ! Encore un.

CLOV. — Ah celui-là ! Je n'étais pas sûr.

HAMM. — À plat ventre pleurer du pain pour son petit. On lui offre une place de jardinier. Avant d'a... (*Clov rit.*) Qu'est-ce qu'il y a là de si drôle ?

CLOV. — Une place de jardinier !

HAMM. — C'est ça qui te fait rire ?

CLOV. — Ça doit être ça.

HAMM. — Ce ne serait pas plutôt le pain ?

CLOV. — Ou le petit.

Un temps.

HAMM. — Tout cela est plaisant en effet. Veux-tu que nous pouffions un bon coup ensemble ?

CLOV (*ayant réfléchi*). — Je ne pourrais plus pouffer aujourd'hui.

HAMM (*ayant réfléchi*). — Moi non plus. (*Un temps.*) Alors je continue. Avant d'accepter avec gratitude il demande s'il peut avoir son petit avec lui.

CLOV. — Quel âge ?

HAMM. — Oh tout petit.

CLOV. — Il aurait grimpé aux arbres.

HAMM. — Tous les petits travaux.

CLOV. — Et puis il aurait grandi.

HAMM. — Probablement.

Un temps.

CLOV. — Mais pousse plus loin, bon sang, pousse plus loin !

HAMM. — C'est tout, je me suis arrêté là.

Un temps.

CLOV. — Tu vois la suite ?
HAMM. — À peu près.
CLOV. — Ce n'est pas bientôt la fin ?
HAMM. — J'en ai peur.
CLOV. — Bah tu en feras une autre.
HAMM. — Je ne sais pas. (*Un temps.*) Je me sens un peu vidé. (*Un temps.*) L'effort créateur prolongé. (*Un temps.*) Si je pouvais me traîner jusqu'à la mer ! Je me ferais un oreiller de sable et la marée viendrait.
CLOV. — Il n'y a plus de marée.

Un temps.

HAMM. — Va voir si elle est morte.

Clov va à la poubelle de Nell, soulève le couvercle, se penche. Un temps.

CLOV. — On dirait que oui.

Il rabat le couvercle, se redresse.
Hamm soulève sa calotte. Un temps.
Il la remet.

HAMM (*sans lâcher sa calotte*). — Et Nagg ?

Clov soulève le couvercle de la
poubelle de Nagg, se penche. Un
temps.

CLOV. — On dirait que non.

Il rabat le couvercle, se redresse.

HAMM (*lâchant sa calotte*). — Qu'est-ce qu'il fait ?

Clov soulève le couvercle de la
poubelle de Nagg, se penche. Un
temps.

CLOV. — Il pleure.

Clov rabat le couvercle, se redresse.

HAMM. — Donc il vit. (*Un temps.*) As-tu jamais eu un instant de bonheur ?

CLOV. — Pas à ma connaissance.

Un temps.

HAMM. — Amène-moi sous la fenêtre. (*Clov va vers le fauteuil.*) Je veux sentir la lumière sur mon visage. (*Clov fait avancer le fauteuil.*) Tu te rappelles, au début, quand tu me faisais faire ma promenade, comme tu t'y prenais mal ? Tu appuyais trop haut. À chaque pas tu manquais de me verser ! (*Chevrotant.*) Héhé, on s'est bien amusés tous les deux, bien amusés ! (*Morne.*) Puis on a pris l'habitude. (*Clov arrête le fauteuil face à la fenêtre à droite.*) Déjà ? (*Un temps. Il renverse la tête. Un temps.*) Il fait jour ?

CLOV. — Il ne fait pas nuit.

HAMM (*avec colère*). — Je te demande s'il fait jour !

CLOV. — Oui.

Un temps.

HAMM. — Le rideau n'est pas fermé ?

CLOV. — Non.

Un temps.

HAMM. — Quelle fenêtre c'est ?

CLOV. — La terre.

HAMM. — Je le savais ! (*Avec colère.*) Mais il n'y a pas de lumière par là ! L'autre ! (*Clov pousse le fauteuil vers l'autre fenêtre.*) La terre ! (*Clov arrête le fauteuil sous l'autre fenêtre. Hamm renverse la tête.*) Ça c'est de la lumière ! (*Un temps.*) On dirait un rayon de soleil. (*Un temps.*) Non ?

CLOV. — Non.

HAMM. — Ce n'est pas un rayon de soleil que je sens sur mon visage ?

CLOV. — Non.

Un temps.

HAMM. — Je suis très blanc ? (*Un temps. Avec violence.*) Je te demande si je suis très blanc !

CLOV. — Pas plus que d'habitude.

Un temps.

HAMM. — Ouvre la fenêtre.

84

CLOV. — Pour quoi faire ?

HAMM. — Je veux entendre la mer.

CLOV. — Tu ne l'entendrais pas.

HAMM. — Même si tu ouvrais la fenêtre ?

CLOV. — Non.

HAMM. — Alors ce n'est pas la peine de l'ouvrir ?

CLOV. — Non.

HAMM (*avec violence*). — Alors ouvre-la ! (*Clov monte sur l'escabeau, ouvre la fenêtre. Un temps.*) Tu l'as ouverte ?

CLOV. — Oui.

Un temps.

HAMM. — Tu me jures que tu l'as ouverte ?

CLOV. — Oui.

Un temps.

HAMM. — Eh ben... (*Un temps.*) Elle doit être très calme. (*Un temps. Avec violence.*) Je te demande si elle est très calme !

CLOV. — Oui.

HAMM. — C'est parce qu'il n'y a plus de navigateurs. (*Un temps.*) Tu n'as plus beaucoup de conversation tout à coup. (*Un temps.*) Ça ne va pas ?

CLOV. — J'ai froid.

HAMM. — On est quel mois ? (*Un temps.*) Ferme la fenêtre, on rentre. (*Clov ferme la fenêtre, descend de l'escabeau, ramène le fauteuil à sa place, reste derrière le fauteuil, tête baissée.*) Ne reste pas là, tu me fais peur. (*Clov retourne à sa place à côté du fauteuil.*) Père ! (*Un temps. Plus fort.*) Père ! (*Un temps.*) Va voir s'il a entendu.

> *Clov va à la poubelle de Nagg, soulève le couvercle, se penche dessus. Mots confus. Clov se redresse.*

CLOV. — Oui.

HAMM. — Les deux fois ?

> *Clov se penche. Mots confus. Clov se redresse.*

CLOV. — Une seule.

HAMM. — La première ou la seconde ?

*Clov se penche. Mots confus. Clov
se redresse.*

CLOV. — Il ne sait pas.
HAMM. — Ça doit être la seconde.
CLOV. — On ne peut pas savoir.

Clov rabat le couvercle.

HAMM. — Il pleure toujours ?
CLOV. — Non.
HAMM. — Pauvres morts ! (*Un temps.*)
Qu'est-ce qu'il fait ?
CLOV. — Il suce son biscuit.
HAMM. — La vie continue. (*Clov re-
tourne à sa place à côté du fauteuil.*)
Donne-moi un plaid, je gèle.
CLOV. — Il n'y a plus de plaids.

Un temps.

HAMM. — Embrasse-moi. (*Un temps.*)
Tu ne veux pas m'embrasser ?
CLOV. — Non.

HAMM. — Sur le front.

CLOV. — Je ne veux t'embrasser nulle part.

Un temps.

HAMM (*tendant la main*). — Donne-moi la main au moins. (*Un temps.*) Tu ne veux pas me donner la main ?

CLOV. — Je ne veux pas te toucher.

Un temps.

HAMM. — Donne-moi le chien. (*Clov cherche le chien.*) Non, pas la peine.

CLOV. — Tu ne veux pas ton chien ?

HAMM. — Non.

CLOV. — Alors je te quitte.

HAMM (*tête baissée, distraitement*). — C'est ça.

Clov va à la porte, se retourne.

CLOV. — Si je ne tue pas ce rat il va mourir.

HAMM (*de même*). — C'est ça. (*Clov sort.*

Un temps.) À moi. (*Il sort son mouchoir, le déplie, le tient à bout de bras ouvert devant lui.*) Ça avance. (*Un temps.*) On pleure, on pleure, pour rien, pour ne pas rire, et peu à peu... une vraie tristesse vous gagne. (*Il replie son mouchoir, le remet dans sa poche, relève un peu la tête.*) Tous ceux que j'aurais pu aider. (*Un temps.*) Aider ! (*Un temps.*) Sauver. (*Un temps.*) Sauver ! (*Un temps.*) Ils sortaient de tous les coins. (*Un temps. Avec violence.*) Mais réfléchissez, réfléchissez, vous êtes sur terre, c'est sans remède ! (*Un temps.*) Allez-vous en et aimez-vous ! Léchez-vous les uns les autres ! (*Un temps. Plus calme.*) Quand ce n'était pas du pain c'était du mille-feuille. (*Un temps. Avec violence.*) Foutez-moi le camp, retournez à vos partouzes ! (*Un temps. Bas.*) Tout ça, tout ça ! (*Un temps.*) Même pas un vrai chien ! (*Plus calme.*) La fin est dans le commencement et cependant on continue. (*Un temps.*) Je pourrais peut-être continuer mon histoire, la finir et en commencer une autre. (*Un temps.*) Je pourrais peut-être me jeter par terre. (*Il se soulève péniblement, se laisse retomber.*) Enfoncer mes ongles dans les rainures et me traîner en avant, à la force du poignet. (*Un temps.*) Ce sera la fin et je me demanderai ce qui a bien pu l'amener et je me demanderai ce qui a bien pu... (*il hésite*)... pourquoi elle a tant tardé. (*Un temps.*) Je serai là, dans le vieux refuge, seul contre le silence et... (*il hésite*)... l'inertie. Si je peux me taire, et rester tranquille, c'en sera fait, du son, et du mouvement. (*Un temps.*) J'aurai appelé mon père et j'aurai appelé mon... (*il hésite*)... mon fils. Et même deux fois, trois fois, au cas où ils n'auraient pas entendu, à la première, ou à la seconde. (*Un temps.*) Je me dirai, Il reviendra. (*Un temps.*) Et puis? (*Un temps.*) Et puis? (*Un temps.*) Il n'a pas pu, il est allé trop loin. (*Un temps.*) Et puis? (*Un temps. Très agité.*) Toutes sortes de fantaisies! Qu'on me surveille! Un rat! Des pas! Des yeux! Le souffle qu'on retient et puis... (*il expire*) Puis parler, vite, des mots, comme l'enfant solitaire qui se met en plusieurs, deux, trois, pour être ensemble, et parler ensemble, dans la nuit. (*Un temps.*) Instants sur instants, plouff, plouff, comme les grains de mil de... (*il cherche*)... ce vieux Grec, et toute la vie on attend que ça vous fasse une vie. (*Un temps. Il veut reprendre, y renonce. Un temps.*) Ah y être, y être ! (*Il siffle. Entre Clov, le réveil à la main. Il s'arrête à côté du fauteuil.*) Tiens ! Ni loin ni mort ?

CLOV. — En esprit seulement.

HAMM. — Lequel ?

CLOV. — Les deux.

HAMM. — Loin tu serais mort.

CLOV. — Et inversement.

HAMM (*fièrement*). — Loin de moi c'est la mort. (*Un temps.*) Et ce rat ?

CLOV. — Il s'est sauvé.

HAMM. — Il n'ira pas loin. (*Un temps. Inquiet.*) Hein ?

CLOV. — Il n'a pas besoin d'aller loin.

Un temps.

HAMM. — Ce n'est pas l'heure de mon calmant ?

CLOV. — Si.

HAMM. — Ah ! Enfin ! Donne vite !

CLOV. — Il n'y a plus de calmant.

Un temps.

HAMM (*épouvanté*). — Mon... ! (*Un temps.*) Plus de calmant !

CLOV. — Plus de calmant. Tu n'auras jamais plus de calmant.

Un temps.

HAMM. — Mais la petite boîte ronde. Elle était pleine !

CLOV. — Oui, mais maintenant elle est vide.

Un temps. Clov commence à tourner dans la pièce. Il cherche un endroit où poser le réveil.

HAMM (*bas*). — Qu'est-ce que je vais faire. (*Un temps. Hurlant.*) Qu'est-ce que je vais faire ? (*Clov avise le tableau, le décroche, l'appuie par terre toujours re-*

tourné contre le mur, accroche le réveil à sa place.) Qu'est-ce que tu fais ?

CLOV. — Trois petits tours.

Un temps.

HAMM. — Regarde la terre.

CLOV. — Encore ?

HAMM. — Puisqu'elle t'appelle.

CLOV. — Tu as mal à la gorge ? (*Un temps.*) Tu veux une pâte de guimauve ? (*Un temps.*) Non ? (*Un temps.*) Dommage.

Il va en chantonnant vers la fenêtre à droite, s'arrête devant, la regarde, la tête rejetée en arrière.

HAMM. — Ne chante pas !

CLOV (*se tournant vers Hamm*). — On n'a plus le droit de chanter ?

HAMM. — Non.

CLOV. — Alors comment veux-tu que ça finisse ?

HAMM. — Tu as envie que ça finisse ?

CLOV. — J'ai envie de chanter.

HAMM. — Je ne pourrais pas t'en empêcher.

*Un temps. Clov se retourne vers la
fenêtre.*

CLOV. — Qu'est-ce que j'ai fait de cet
escabeau ? (*Il le cherche des yeux.*) Tu n'as
pas vu cet escabeau ? (*Il cherche, le voit.*)
Ah tout de même ! (*Il va vers la fenêtre à
gauche.*) Des fois je me demande si j'ai
toute ma tête. Puis ça passe, je redeviens
lucide. (*Il monte sur l'escabeau, regarde
par la fenêtre.*) Putain ! Elle est sous l'eau !
(*Il regarde.*) Comment ça se fait ? (*Il
avance la tête, la main en visière.*) Il n'a
pourtant pas plu. (*Il essuie la vitre, regarde. Un temps. Il se frappe le front.*)
Que je suis bête ! Je me suis trompé de
côté ! (*Il descend de l'escabeau, fait quelques pas vers la fenêtre à droite.*) Sous
l'eau ! (*Il retourne prendre l'escabeau.*)
Que je suis bête ! (*Il traîne l'escabeau vers
la fenêtre à droite.*) Des fois je me demande si j'ai tous mes esprits. Puis ça

passe, je redeviens intelligent. (*Il installe l'escabeau sous la fenêtre à droite, monte dessus, regarde par la fenêtre. Il se tourne vers Hamm.*) Y a-t-il des secteurs qui t'intéressent particulièrement. (*Un temps.*) Ou rien que le tout ?

HAMM (*faiblement*). — Tout.

CLOV. — L'effet général ? (*Un temps. Il se retourne vers la fenêtre.*) Voyons ça.

Il regarde.

HAMM. — Clov !

CLOV (*absorbé*). — Mmm.

HAMM. — Tu sais une chose ?

CLOV (*de même*). — Mmm.

HAMM. — Je n'ai jamais été là. (*Un temps.*) Clov !

CLOV (*se tournant vers Hamm, exaspéré*). — Qu'est-ce que c'est ?

HAMM. — Je n'ai jamais été là.

CLOV. — Tu as eu de la veine.

Il se retourne vers la fenêtre.

HAMM. — Absent, toujours. Tout s'est fait sans moi. Je ne sais pas ce qui s'est passé. (*Un temps.*) Tu sais ce qui s'est passé, toi ? (*Un temps.*) Clov !

CLOV (*se tournant vers Hamm, exaspéré*). — Tu veux que je regarde cette ordure, oui ou non ?

HAMM. — Réponds d'abord.

CLOV. — Quoi ?

HAMM. — Tu sais ce qui s'est passé ?

CLOV. — Où ? Quand ?

HAMM (*avec violence*). — Quand ! Ce qui s'est passé ! Tu ne comprends pas ? Qu'est-ce qui s'est passé ?

CLOV. — Qu'est-ce que ça peut foutre ?

Il se retourne vers la fenêtre.

HAMM. — Moi je ne sais pas.

Un temps. Clov se tourne vers Hamm.

CLOV (*durement*). — Quand la Mère Pegg te demandait de l'huile pour sa lampe et que tu l'envoyais paître, à ce moment-là tu savais ce qui se passait, non ? (*Un temps.*) Tu sais de quoi elle est morte, la Mère Pegg ? D'obscurité.

HAMM (*faiblement*). — Je n'en avais pas.

CLOV (*de même*). — Si, tu en avais !

Un temps.

HAMM. — Tu as la lunette ?

CLOV. — Non. C'est assez gros comme ça.

HAMM. — Va la chercher.

Un temps. Clov lève les yeux au ciel et les bras en l'air, les poings fermés. Il perd l'équilibre, s'accroche à l'escabeau. Il descend quelques marches, s'arrête.

CLOV. — Il y a une chose qui me dépasse. (*Il descend jusqu'au sol, s'arrête.*) Pourquoi je t'obéis toujours. Peux-tu m'expliquer ça ?

HAMM. — Non... C'est peut-être de la

pitié. (*Un temps.*) Une sorte de grande pitié. (*Un temps.*) Oh tu auras du mal, tu auras du mal.

> *Un temps. Clov commence à tourner dans la pièce. Il cherche la lunette.*

CLOV. — Je suis las de nos histoires, très las. (*Il cherche.*) Tu n'es pas assis dessus ?

> *Il déplace le fauteuil, regarde à l'endroit qui était caché, se remet à chercher.*

HAMM (*angoissé*). — Ne me laisse pas là ! (*Clov remet rageusement le fauteuil à sa place, se remet à chercher. Faiblement.*) Je suis bien au centre ?

CLOV. — Il faudrait un microscope pour trouver ce — (*Il voit la lunette.*) Ah tout de même !

> *Il ramasse la lunette, va à l'escabeau, monte dessus, braque la lunette sur le dehors.*

HAMM. — Donne-moi le chien.

CLOV (*regardant*). — Tais-toi.

HAMM (*plus fort*). — Donne-moi le chien !

> *Clov laisse tomber la lunette, se prend la tête entre les mains. Un temps. Il descend précipitamment de l'escabeau, cherche le chien, le trouve, le ramasse, se précipite vers Hamm et lui en assène un grand coup sur le crâne.*

CLOV. — Voilà ton chien !

> *Le chien tombe par terre. Un temps.*

HAMM. — Il m'a frappé.

CLOV. — Tu me rends enragé, je suis enragé !

HAMM. — Si tu dois me frapper, frappe-moi avec la masse. (*Un temps.*) Ou avec la gaffe, tiens, frappe-moi avec la gaffe. Pas avec le chien. Avec la gaffe. Ou avec la masse.

> *Clov ramasse le chien et le donne à Hamm qui le prend dans ses bras.*

99

CLOV (*implorant*). — Cessons de jouer !

HAMM. — Jamais ! (*Un temps.*) Mets-moi dans mon cercueil.

CLOV. — Il n'y a plus de cercueils.

HAMM. — Alors que ça finisse ! (*Clov va vers l'escabeau. Avec violence.*) Et que ça saute ! (*Clov monte sur l'escabeau, s'arrête, descend, cherche la lunette, la ramasse, remonte sur l'escabeau, lève la lunette.*) D'obscurité ! Et moi ? Est-ce qu'on m'a jamais pardonné, à moi ?

CLOV (*baissant la lunette, se tournant vers Hamm*). — Quoi ? (*Un temps.*) C'est pour moi que tu dis ça ?

HAMM (*avec colère*). — Un aparté ! Con ! C'est la première fois que tu entends un aparté ? (*Un temps.*) J'amorce mon dernier soliloque.

CLOV. — Je te préviens. Je vais regarder cette dégoûtation puisque tu l'ordonnes. Mais c'est bien la dernière fois. (*Il braque la lunette.*) Voyons voir... (*Il promène la lunette.*) Rien... rien... bien... très bien... rien... parf — (*Il sursaute, baisse la lu-*

100

nette, *l'examine, la braque de nouveau. Un temps.*) Aïeaïeaïe !

HAMM. — Encore des complications ! (*Clov descend de l'escabeau.*) Pourvu que ça ne rebondisse pas !

> *Clov rapproche l'escabeau de la fenêtre, monte dessus, braque la lunette. Un temps.*

CLOV. — Aïeaïeaïe !

HAMM. — C'est une feuille ? Une fleur ? Une toma — (*il bâille*) — te ?

CLOV (*regardant*). — Je t'en foutrai des tomates ! Quelqu'un ! C'est quelqu'un !

HAMM. — Eh bien, va l'exterminer. (*Clov descend de l'escabeau.*) Quelqu'un (*Vibrant.*) Fais ton devoir ! (*Clov se précipite vers la porte.*) Non, pas la peine. (*Clov s'arrête.*) Quelle distance ?

> *Clov retourne à l'escabeau, monte dessus, braque la lunette.*

CLOV. — Soixante... quatorze mètres.

HAMM. — Approchant ? S'éloignant ?

CLOV (*regardant toujours*). — Immobile.

101

HAMM. — Sexe ?

CLOV. — Quelle importance ? (*Il ouvre la fenêtre, se penche dehors. Un temps. Il se redresse, baisse la lunette, se tourne vers Hamm. Avec effroi.*) On dirait un môme.

HAMM. — Occupation ?

CLOV. — Quoi ?

HAMM (*avec violence*). — Qu'est-ce qu'il fait ?

CLOV (*de même*). — Je ne sais pas ce qu'il fait ! Ce que faisaient les mômes. (*Il braque la lunette. Un temps. Il baisse la lunette, se tourne vers Hamm.*) Il a l'air assis par terre, adossé à quelque chose.

HAMM. — La pierre levée. (*Un temps.*) Ta vue s'améliore. (*Un temps.*) Il regarde la maison sans doute, avec les yeux de Moïse mourant.

CLOV. — Non.

HAMM. — Qu'est-ce qu'il regarde ?

CLOV (*avec violence*). — Je ne sais pas ce qu'il regarde ! (*Il braque la lunette. Un temps. Il baisse la lunette, se tourne vers Hamm.*) Son nombril. Enfin par là. (*Un temps*.) Pourquoi tout cet interrogatoire ?

HAMM. — Il est peut-être mort.

CLOV. — Je vais y aller. (*Il descend de l'escabeau, jette la lunette, va vers la porte, s'arrête*.) Je prends la gaffe.

> *Il cherche la gaffe, la ramasse, va vers la porte.*

HAMM. — Pas la peine.

> *Clov s'arrête.*

CLOV. — Pas la peine ? Un procréateur en puissance ?

HAMM. — S'il existe il viendra ici ou il mourra là. Et s'il n'existe pas ce n'est pas la peine.

> *Un temps.*

CLOV. — Tu ne me crois pas ? Tu crois que j'invente ?

> *Un temps.*

HAMM. — C'est fini, Clov, nous avons fini. Je n'ai plus besoin de toi.

> *Un temps.*

CLOV. — Ça tombe bien.

Il va vers la porte.

HAMM. — Laisse-moi la gaffe.

Clov lui donne la gaffe, va vers la porte, s'arrête, regarde le réveil, le décroche, cherche des yeux une meilleure place, va à l'escabeau, pose le réveil sur l'escabeau, retourne à sa place près du fauteuil. Un temps.

CLOV. — Je te quitte.

Un temps.

HAMM. — Avant de partir, dis quelque chose.

CLOV. — Il n'y a rien à dire.

HAMM. — Quelques mots... que je puisse repasser... dans mon cœur.

CLOV. — Ton cœur !

HAMM. — Oui. (*Un temps. Avec force.*) Oui ! (*Un temps.*) Avec le reste, à la fin, les ombres, les murmures, tout le mal, pour terminer. (*Un temps.*) Clov... (*Un temps.*)

Il ne m'a jamais parlé. Puis, à la fin, avant de partir, sans que je lui demande rien, il m'a parlé. Il m'a dit...

CLOV (*accablé*). — Ah... !

HAMM. — Quelque chose... de ton cœur.

CLOV. — Mon cœur !

HAMM. — Quelques mots... de ton cœur.

CLOV (*chante*). —

> Joli oiseau, quitte ta cage,
> Vole vers ma bien-aimée,
> Niche-toi dans son corsage,
> Dis-lui combien je suis emmerdé.

Un temps.

Assez ?

HAMM (*amèrement*). — Un crachat !

Un temps.

CLOV (*regard fixe, voix blanche*). — On m'a dit, Mais c'est ça, l'amour, mais si, mais si, crois-moi, tu vois bien que —

HAMM. — Articule !

CLOV (*de même*). — que c'est facile. On

m'a dit, Mais c'est ça, l'amitié, mais si, mais si, je t'assure, tu n'as pas besoin de chercher plus loin. On m'a dit, C'est là, arrête-toi, relève la tête et regarde cette splendeur. Cet ordre ! On m'a dit, Allons, tu n'es pas une bête, pense à ces choses-là et tu verras comme tout devient clair. Et simple ! On m'a dit, Tous ces blessés à mort, avec quelle science on les soigne.

HAMM. — Assez !

CLOV (*de même*). — Je me dis — quelquefois, Clov, il faut que tu arrives à souffrir mieux que ça, si tu veux qu'on se lasse de te punir — un jour. Je me dis — quelquefois, Clov, il faut que tu sois là mieux que ça, si tu veux qu'on te laisse partir — un jour. Mais je me sens trop vieux, et trop loin, pour pouvoir former de nouvelles habitudes. Bon, ça ne finira donc jamais, je ne partirai donc jamais. (*Un temps.*) Puis un jour, soudain, ça finit, ça change, je ne comprends pas, ça meurt, ou c'est moi, je ne comprends pas, ça non plus. Je le demande aux mots qui restent — sommeil, réveil, soir, matin. Ils ne savent rien dire. (*Un temps.*) J'ouvre la porte du cabanon et m'en vais. Je suis si voûté que je ne vois que mes pieds, si j'ouvre les yeux, et entre mes jambes un peu de poussière noirâtre. Je me dis que la terre s'est éteinte, quoique je ne l'aie jamais vue allumée. (*Un temps.*) Ça va tout seul. (*Un temps.*) Quand je tomberai je pleurerai de bonheur.

> *Un temps. Il va vers la porte.*

HAMM. — Clov ! (*Clov s'arrête sans se retourner. Un temps.*) Rien. (*Clov repart.*) Clov !

> *Clov s'arrête sans se retourner.*

CLOV. — C'est ce que nous appelons gagner la sortie.

HAMM. — Je te remercie, Clov.

CLOV (*se retournant, vivement*). — Ah pardon, c'est moi qui te remercie.

HAMM. — C'est nous qui nous remercions. (*Un temps. Clov va à la porte.*) Encore une chose. (*Clov s'arrête.*) Une dernière grââce. (*Clov sort.*) Cache-moi sous le drap. (*Un temps long.*) Non ? Bon. (*Un temps.*) À moi. (*Un temps.*) De jouer. (*Un temps. Avec lassitude.*) Vieille fin de partie perdue, finir de perdre. (*Un temps. Plus animé.*) Voyons. (*Un temps.*) Ah oui ! (*Il essaie de déplacer le fauteuil en prenant appui sur la gaffe. Pendant ce temps entre Clov. Panama, veston de tweed, imperméable sur le bras, parapluie, valise. Près de la porte, impassible, les yeux fixés sur Hamm, Clov reste immobile jusqu'à la fin. Hamm renonce.*) Bon. (*Un temps.*) Jeter. (*Il jette la gaffe, veut jeter le chien, se ravise.*) Pas plus haut que le cul. (*Un temps.*) Et puis ? (*Un temps.*) Enlever. (*Il enlève sa calotte.*) Paix à nos... fesses. (*Un temps.*) Et remettre. (*Il remet sa calotte.*) Égalité. (*Un temps. Il enlève ses lunettes.*) Essuyer. (*Il sort son mouchoir et, sans le déplier, essuie ses lunettes.*) Et remettre. (*Il remet le mouchoir dans sa poche, remet ses lunettes.*) On arrive. Encore quelques conneries comme ça et j'appelle. (*Un temps.*) Un peu de poésie. (*Un temps.*) Tu appelais — (*Un temps. Il se corrige.*) Tu RÉCLAMAIS le soir ; il vient — (*Un temps. Il se corrige.*) Il DESCEND : le voici. (*Il reprend, très chantant.*) Tu réclamais le soir ; il descend : le voici. (*Un temps.*) Joli ça. (*Un temps.*) Et puis ? (*Un temps.*) Instants nuls, toujours nuls, mais qui font le compte, que le compte y est, et l'histoire close. (*Un temps. Ton de narrateur.*) S'il pouvait avoir son petit avec lui... (*Un temps.*) C'était l'instant que j'attendais. (*Un temps.*) Vous ne voulez pas l'abandonner ? Vous voulez qu'il grandisse pendant que vous, vous rapetissez ? (*Un temps.*) Qu'il vous adoucisse les cent mille derniers quarts d'heure ? (*Un temps.*) Lui ne se rend pas compte, il ne connaît que la faim, le froid et la mort au bout. Mais vous ! Vous devez savoir ce que c'est, la terre, à présent. (*Un temps.*) Oh je l'ai mis devant ses responsabilités ! (*Un temps. Ton normal.*) Eh bien ça y est, j'y suis, ça suffit. (*Il lève le sifflet, hésite, le lâche. Un temps.*) Oui, vraiment ! (*Il siffle. Un temps. Plus fort. Un temps.*) Bon. (*Un temps.*) Père ! (*Un*

temps. *Plus fort.*) Père ! (*Un temps.*) Bon.
(*Un temps.*) On arrive. (*Un temps.*) Et pour
terminer ? (*Un temps.*) Jeter. (*Il jette le
chien. Il arrache le sifflet.*) Tenez ! (*Il jette
le sifflet devant lui. Un temps. Il renifle.
Bas.*) Clov ! (*Un temps long.*) Non ? Bon.
(*Il sort son mouchoir.*) Puisque ça se joue
comme ça... (*il déplie le mouchoir*)... jouons
ça comme ça... (*il déplie*)... et n'en parlons
plus... (*il finit de déplier*)... ne parlons plus.
(*Il tient à bout de bras le mouchoir ouvert
devant lui.*) Vieux linge ! (*Un temps.*) Toi
— je te garde.

> *Un temps. Il approche le mouchoir
> de son visage.*

RIDEAU

CET OUVRAGE A ÉTÉ ACHEVÉ D'IMPRIMER LE
VINGT MAI DEUX MILLE TREIZE DANS LES
ATELIERS DE NORMANDIE ROTO IMPRESSION S.A.S.
À LONRAI (61250) (FRANCE)
Nº D'ÉDITEUR : 5423
Nº D'IMPRIMEUR : 130370

Dépôt légal : juin 2013